〈わが名は シャクシャイン〉

名取弘文

自然食通信社

〈第Ⅰ章〉

わが名は　シャクシャイン

われは水だ

われは風だ

われは土だ

われは草だ

われは虫だ

われは鳥になり

われは魚になり

われはけものになる

われは大地だ

われは生まれかわる

何度でも転生する

どこにでも生まれかわる

何にでも転生する

わが名は　シャクシャイン

われはクスリ（釧路）で育った

鳥を喰い　サケを喰い　鹿を喰い

熊を喰った

われの体はでかくなり

背は高くなり

胸板は厚くなった

われはウカルで負けたことがない

ウカルとは棍棒での打ち合いよ

われは戦さで　けがをしたことがない

われはチャランケで負けたことがない

シベチャリの棟梁　カムクタインが

われをシベチャリに招いた

われは脇棟梁になった

『日本庶民生活史料集成：第四巻』（三一書房）より

カムクタインは

メナシウンクル　東衆の棟梁だ

だが、シベチャリには

西衆の　シュムウンクルがいる

シュムウンクルの惣棟梁は

「ハエ」に館を構える

オニビシだ

ハエは沙流川＝新冠のことよ

オニビシも背高く

力もある

メナシウンクルと　シュムウンクルは

シベチャリ川（静内川）をはさんで

魚を獲り、けものを獲る

権利をめぐって

長い間争っていた

1648年

われたちはオニビシとチャランケを

3日間やった

チャランケはまとまらず

東衆と西衆は争った

われも　西衆の手下を一人殺した

オニビシは　ツグナイを求めてきた

ツグナイとは

おわびに宝物を出すことよ

われは断った

６年の間　争いは続いた

1653 年

オニビシは　カムクタインを討った

ウタリはわれに　棟梁になれという

ウタリは　われのことを

パウェトㇰ（雄弁）で

ラメトㇰ（勇気）がある

しかもシレトㇰ（美貌）だと　たたえる

われは　カムイイコロ（宝刀）の

占いをした

宝刀を入れた箱を鳴らすと

箱が応える

箱は引き受けろと告げる　

メナシウンクルの棟梁を失った今
シュムウンクルは攻めてくる
オニビシが来る
襲撃を防ぐには
メナシウンクルの
団結こそ必要だ

われは　メナシウンクルの棟梁になり
メナシウンクルを護ろう
アイヌモシㇼを護ろう

わが名はシャクシャイン
われは水だ
われは風だ
われは土だ
われは草だ
われは虫だ

われは鳥になり

われは魚になり

われはけものになる

われは大地だ

わが名はシャクシャイン

はるかむかし

おれはヒタカミ（北上・胆沢）にいた

おれたちは　エミシと呼ばれ

まつろわぬものとされていた

ヤマトが　ヒタカミを攻めて来た

ヤマトは森を切り開き

森を焼いた

森がなければ

けものは生きられない

鳥は生きられない

果物も実らない

山の芋も実らない
けものがいなくては
おれたちも生きられない
鳥がいなくては
おれたちは生きられない
果物や山の芋がなくては
おれたちは生きられない

ヤマトは勝手に柵を築く
柵とは収容所よ
おれたちは怒った
ヤマトの勝手さに怒った
おれたちは闘った
何度も戦った

ヤマトは　敗れた仲間を
柵に入れた
奴隷にした
女たちは犯された

恭順しない仲間は謀殺された

和睦の席をもうけ

酒宴の場で

毒を盛られた

切り殺された

おれの名は　アザマロ

おれはヤマトの軍に入れられた

ヤマトから位を授けられた

が、ヤマトはおれたちを

山賊といい　鬼といった

人ではないというのだ

おれはさんざん恥ずかしめられた

ヤマトは胆沢を攻めようとした

胆沢は　おれの地だ

おれの仲間がいる

むざむざヤマトに

征服されてなるものか

美しく広い胆沢を

渡してなるものか

おれは蜂起する

続日本紀には

宝亀 11 年 3 月 22 日とあるそうだ

ミカドは　光仁だ

781 年（宝亀年間）だという

ヤマトは平城京から　侵略軍を出す

その数　数万人という　うわさだ

秋田城からも軍を出す

おれたちは

土の中に潜み

土ぐもとなり

侵略軍を討つ

木に登り

侵略軍を討つ

森の中を走り回り

隙をみて　敵を討つ

おれたちは多賀城を
焼き払った
おれたちは勝った

785年　侵略軍は解散する
おれの名は　ヤマトの記録から
消える
おれは生きながらえた

おれの名はアザマロ
おれは水となり
おれは風となる
おれは土となる
おれは大地だ

おれは生まれかわる
おれは転生する

おれの名は　アテルイ

ヤマトは再びヒタカミを　攻めてきた

ヤマトのミカドは　桓武

延暦７年12月　　（788年）

長岡京を　５万余の兵が出発する

３月末

多賀城に集ったヤマト軍は

胆沢に向かう

おれたちは　ヤマト軍を見張った

ヤマト軍は　北上川で釘付けだ

ヤマト軍は動けない

おれたちは　地形を知りぬいている

おれたちは　森のあちらこちら

丘に穴を掘り

森の中に巣を造り

ハチのように

アリのように

土ぐものように
タカのように
潜んで待った
ヤマトの動きを見張った

ヤマトの作戦を見抜いた
おれたちの戦いを考えぬいた

５月の末
ヤマト軍は北上川を渡る
ヤマト軍は衣川を渡る
おれたちは
ヤマト軍を迎え撃つ

ヤマト軍の先陣は　おれたちを襲い
村を焼き払い
勢いに乗って攻めてくる
おれたちは一斉に退却する
ヤマトはいよいよ追ってくる
いい気になって追ってくる

おれたちの別動隊が
ヤマトを両側から攻める
挟み撃ちだ
ヤマト軍はあわてる
ヤマト軍は戻ろうとする

衣川が
待ちかまえている
衣川が
ヤマト軍を招いている
ヤマト軍は
衣川に呑みこまれる
戦さの服を脱いだヤマト軍も
呑みこまれる

おれたちはヤマト軍を
追い返した
ヤマト軍の征東大使　紀古佐美は
都に逃げた
ヤマト軍は霧散した

おれの名はアテルイ

ヤマトのミカド桓武は

ヒタカミを　あきらめない

西に東に侵略し

戦争を続ける

ヤマトを拡げる

どこの部族も

どこの豪族も

ミカドを畏れる

ミカドに恭順する

ミカドに反逆しようとする者を

おびえさせる

戦争を続けてこそ

ミカドの権威

ミカドの栄誉

ミカドの財貨が

保たれる

桓武は再びヒタカミに

侵略軍を出す

10万をこす兵

792年（延暦11年）

801年（延暦20年）の2度だ

兵はどこから

集められたか

兵の食料はどうしたか

兵の身なりは

兵はどこに泊まるのか

残された家の者は

妻は

子どもは

暮らしは

ミカドにとっては

どうでもいいことだ

ミカドは　自分が大事

おれの名はアテルイ

ミカドの侵略軍を

アザマロが討ってから　はや 20 年

おれアテルイも

10 万もの侵略軍を　追い散らした

だが　おれたちも疲れた

森は荒らされ

けものは殺され

川は汚され

魚たちは生きられなくなり

家は焼かれ

男は殺され

女は犯された

ヤマト軍が大きな道を

造り出したと

物見の兵が知らせる

大きな道ができれば
多くの兵がおしかけてくる
いくさは長びくだろう

おれは悟った
和睦せねばならぬ
ヤマトに滅ぼされるより
和睦して
この地の人たちを守ろう
おれたちの山を守ろう
おれたちの川を守ろう

ヤマトの総大将は　坂上田村麻呂
ヤマトの知恵者　ヤマトの武将
田村麻呂は礼儀正しく
アテルイをほめ　うやまう

田村麻呂も　和睦を申し出る
おれらの盟友モエも
和睦に同意する

おれは決断した

戦いは終える

和睦する

田村麻呂は

おれらを　都に招待した

ミカドに会って欲しいという

それがどういうことか

おれは知っていた

盟友モエも知っていた

それでも２人は　都に行った

都の寺では　毘沙門天が

おれたちを踏んでいた

おれたちは　天邪鬼といわれていた

おれたちは拘束された

おれたちは首だけ出して

穴に埋められた

晒し首だ

遠まきにした群衆が　ののしる

石を投げてくる

おれたちの首は

竹ののこぎりで切られた

延暦 21 年 8 月 13 日　802 年のことよ

おれはアテルイ　生まれかわるぞ

ヒタカミに帰るのだ

わが名は　コシャマイン

ことのはじめは

ウタリの少年　オツカイが

マキリ（小刀）が欲しくなり

鍛冶屋に注文した

マキリを持ってこそ　立派な男

マキリにどんな彫刻を入れるか

オツカイは楽しみにした

ところが鍛冶屋は

ナマクラを作った

オツカイは　がっかりだ

楽しみは　怒りになる

子どもだと軽く見ているのか

いやアイヌだ

アイヌを軽く見ている

オツカイは鍛冶屋に

チャランケする

くいさがる

鍛冶屋はオツカイを　刺し殺す

事件を知ったコシャマインは怒った

積り積った怒り

ヤマトが支配地を拡げる

ことへの怒りだ

ウタリも怒る

蜂起したウタリは

シャモの村を襲い

シャモを殺した

1456 年春　　シノリ（志濃里館）のことよ

1457 年 5 月

コシャマインは　大きな蜂起をする

シノリの　小林の館を襲う

箱館の河野の館を焼き払う

12 の館の 10 までを攻め落とした

しかし　茂別館と花沢館は

落とせなかった

われコシャマインと

われの子は　死んだ

射殺されたのだ

花沢館は　武田信広のものよ

信広は　蠣崎の娘婿となり

マツマエの祖となる

われの名はコシャマイン

われもまた生まれかわる

われは水になる

風になる

土になる

モシリの大地に戻る

それから 200 年の時間がすぎた

わが名は　シャクシャイン

われは時空を渡る

われは転生する

われはメナシウンクルの棟梁となった

われはシベチャリの河口の

崖の上に　チャシ（砦）を築いた

チャシからはシベチャリ川の

対岸が見える

ヤマトの金掘りの頭

文四郎の広大な館が見える

シベチャリ川の上流に

金掘り場がある

館から男たちが飯場に行く

男たちは喜んで行く

若い女たちは泣きながら

連れて行かれる

チャシからは
メナシウンクルとシュムウンクル
対立のおおもとが見える
魚やけものを獲る争いではない

シュムウンクルは
アイヌモシリを侵略する
マツマエに利用されている
間にいるのが文四郎だ
文四郎は鉄砲を持っている
オニビシは鉄砲が欲しい
鉄砲がオニビシの手に渡れば
われらメナシウンクルは敗ける
それなら　われらが先に　文四郎を討つ
われらが先に　オニビシを討つ
われらは文四郎の館を見張る
そして　ついに
オニビシが文四郎館に
入るのを見つけた　急襲だ

1668年寛文8年4月のことよ

われらは　オニビシを討ちとった

オニビシの手の者は

シャクシャインの　命を狙う

シャクシャインのチャシ（砦）を

焼き払う

オニビシの姉も

シャクシャインを狙う

アツベツ川に　チャシを築いて

シャクシャインを狙う

シャクシャインは

アツベツ川のチャシを襲う

オニビシの姉は　戦死だ

オニビシの姉の夫　ウトマサは

マツマエに助けを求める

しかしマツマエは　助けない

オニビシとシャクシャイン

両方の力が衰えれば

マツマエにとっては

願ってもないこと

ウトマサは　ハエ（新冠）に

帰る途中で死んだ

マツマエは疱瘡だという

しかし　パヨカカムイ（疱瘡）は

はやっていない

ウトマサは　毒を盛られたのだ

わが名はシャクシャイン

われは宝刀の箱を鳴らして占った

われは決意した

マツマエを討つ

伝令を放つ

檄をとばす

1669 年寛文 9 年のことよ

〈第Ⅱ章〉

われらはアイヌ

早春　男たちは雪山に入る

キムンカムイ（熊）に

来ていただくのだ

キムンカムイは　肉も毛皮も薬も

持って来てくれる

高位の神様

鉈と弓と矢を持ち

キムンカムイの棲む穴を探す

通り道を探し

寝泊りのクチャ（小屋）を作る

クチャは　三本の木で建てる

ブドウヅルでしばる

壁も屋根も　枝や葉だ

建てたら　火を起こす

トイコロカムイ（土の神）に祈る

場所を貸して下さい

キムンカムイの　穴を見つけて
入りこむ
キムンカムイは　まだ寝ている
穴から押し出されて　ねぼけてる
待ちかまえたウタリが
矢を射る
矢には　トリカブトが塗ってある
キムンカムイが　穴から出ていたら
われらは遠巻きにして
犬をけしかける
追いつめて　矢を射る

キムンカムイをいただくと
犬をコタンに走らせる
犬の首には　印をつけたイナウを巻く
コタンの者たちは大喜び
印の場所に　手助けに向かう
近くのコタンに知らせる

酒を醸す

近くのコタンの人たちを招いて

マラプトオプニカだ　霊送りだ

肉はみんなで分けあう

運悪く　キムンカムイに

襲われる者もいる

豪勇の者もいる

どこのコタンだったか

家の者が　キムンカムイを

捕りに行き

何日も帰って来ない

心配してコタンの者が　探しに行った

山の奥深く

キムンカムイと男が倒れていた

キムンカムイは死んでいた

その舌を　男が握っていた

男は生きていた

男が回復してから　コタンの者に語った

キムンカムイに襲われた

逃げられない

砕かれないために　キムンカムイの

胸にとびこんだ

キムンカムイは　舌を出していた

おれは夢中で　舌を握った

キムンカムイは暴れた

おれは手を　放さなかった

キムンカムイが倒れた

おれは手を　放さなかった

おれは助かった

この男は 100 歳まで生きたそうだ

われらはアイヌ

懐に抱いてきた　仔熊

母熊を探して鳴く

われらは仔熊を

チセ（家）の中に入れ

いろり端におき　かゆを食べさせる

自分の乳を飲ませた女もいる
この女は 100 歳まで生きたそうだ

仔熊は　オリに入れて飼う
わが子のように　かわいがる
子どもたちも　兄弟のように
かわいがる
だが 2 歳になると
仔熊も　力をつけてくる
オリから出たいのか
神の国に帰りたいのか

コタンで　熊送りをする
イヨマンテだ
近く遠くのコタンに知らせる
柳の木を切り
イナウ（御幣）を削る
祭壇をつくる
酒を醸す
ごちそうをつくる

カムイノミは　火起しから始まる

火の神は　アペフチカムイだ

キケウシパスイで　酒を

カムイにささげる

仔熊をオリから出し　花矢を射る

仔熊はとまどう

きのうまでやさしかった人が　なぜ

泣いている子もいるのは　なぜ

仔熊も泣き出す

ウタリが唄う　ウタリが踊る

祭りがもりあがる

仔熊は　神の国に帰る

エカシたちは　帰る仔熊に

ユカ ラを聴かせるが、途中で

止めてしまう

仔熊がユカ ラの続きを聴きたくて

また戻ってくるように

酒や　だんごや　サケを
持たされた仔熊が　神の国で
アイヌの国はおもしろい
おみやげも　いろいろくれた
今度は一緒に行こうと
仲間を誘ってくれるように
イヨマンテだ
霊送りだ

われらはアイヌ
われらのモシリは　神々に
守られている
いちばん大切な　火の神
アペフチカムイ
アペフチカムイは　チセの炉にいる
チセを建てる場所は
水の神に守られている

沢と沢が合う場所は

ばけものが多い

ばけものが通るから　だめ

湿地も　だめ

飲み水がなくても　だめ

コタンの安全を守っているのが

シマフクロウ

コタンコロカムイだ

鹿もわれらに　肉と毛皮　角も

与えてくれる

われらの主食のサケも　神様だ

カムイチェプが与えてくれるのは

肉だけではない

皮は靴になる

カムイチェプを　熊も食べる

キツネも食べる

だから　われらが全部獲っては

いけない

カムイの中に　パヨカカムイもいる

パヨカカムイは　コタンから

コタンへ　病気を引きつれて歩く

疱瘡も神様だ

われらはアイヌ

神々に祈りを捧げ

酒やごちそうを捧げ

歌を捧げ　踊りを捧げ

われらを守ってくれていることを

感謝する

神々も楽しそうな唄と踊り

酒やごちそうに

アイヌコタンが好きになるように

ウポポを唄って

輪おどりを踊る

弓の舞い　剣の舞いを踊り

神々を魅せよう

春はノンノ（花）

福寿草が黄金色に咲く

フキノトウがふくらむ

プクサ（ギョウジャニンニク）が

芽を出す

コゴミ　ワラビ　ゼンマイ

ヨモギが生える

背負い袋をしょって

山菜採りに行こう

夏はアットゥシ（織り物）づくり

アットシカルの圖

『日本庶民生活史料集成：第四巻』（三一書房）より

オヒョウ　ハルニレ　シナノキ

木の神様にお願いして

皮を　はがさせていただく

イラクサをつんで来る

川や海に行けば

マス　イワナ　ヤマベ

ウグイ　ニシン　ワカメ

コンブも採れる

秋は　サケ　シカ　キツネ　ウサギ

山の幸だ

海の幸だ

オオウバユリ　クロユリ　キノコ

神々に感謝して

採らせていただく

アワもヒエもいただく

でも全部採ってはいけない

けものたちの分を残す

草自身の分も残す

アイヌモシリは

豊かな大地だ

静かな大地だ

そこに生きていく　われらも

自然の一つだ

土地を　占有しない

狩猟採集したものも

一人占めしない

子どもも　自分だけのものではない

コタンみんなの子どもだ

子どもは仲間と遊ぶ

遊んで育つ

ぶどうづる　カリプの輪を

長い棒で突く

槍の練習だ

おもちゃの小弓と小矢で遊ぶ

なぞなぞや　ことば遊び

知恵がつくし

チャランケの練習になる
チャランケとは
ほかの人と　トラブルになったとき
納得いくまで　話し合うことよ
３日３晩も続くこともある
非を認めたら
ツグナイを出す
おわびの印というわけさ

われらはアイヌ
われらは　狩猟採集の民である
われらは　なまけ者ではない
農耕の知恵が
なかったわけではない
技術が
なかったわけでもない

われらは知っていた
森の木を伐採すれば　けものも鳥も
棲めなくなる

われらの食べ物が　なくなる

風雨が暴れるようになる

われらの家がこわれる

川の水が　澄まなくなる

水が濁れば　魚が棲めなくなる

われらの食べ物が　なくなる

大地を掘れば

山が崩れる

けものも鳥も

棲めなくなる

われらの食べ物がなくなる

モシリは　神々が造ったもの

山には　山の神がいる

山には　山の意味がある

川には　川の神がいる

川には　川の意味がある

神々を畏れ　山を畏れ　川を畏れる

われらアイヌは　森を伐らない

大地を掘らない

われらはアイヌ

われらは　臆病者ではない

われらは大きい舟　イタオマチプを造り

十三湊まで　交易に出かけた

ラッコの毛皮

ワシやタカの羽根

昆布やサケを渡し

麹や酒　鉄器　針　陣羽織を

手に入れた

われらの中には

宗谷海峡を渡り

元（げん）の兵と闘った者もいる

サハリンにあがり　間宮海峡を渡り

アムール川から

明（みん）の役所に行った者もいる

朝貢貿易もした　山丹貿易だ

蝦夷錦は　明の服だ

われらアイヌは　文字を持たない
文字を必要としないからだ
コタンの者とは　しゃべればいい
出かけるなら　印を残せばいい

物語は口から口へと伝える　ユカ_ラだ
短いユカ_ラ　長いユカ_ラ
２晩、３晩かかるユカ_ラ
エカシやフチがレプニで　炉端を
叩きながら語り出す
子どもたちが聞く　コタンの者も聞く
英雄物語　笑い話　いましめの話
まっ暗な闇につつまれた
チセのいろりの火が赤い

〈第Ⅲ章〉

海から来た人たちを
私たちは　まろうどとして迎えた
遭難した漁師たちには
食べ物　水を分ち与えた
魚やけものと
交換することもあった
その人たちは礼を言って　海に戻った

が　戻らない人たちもいた
ヒタカミやアキタから
逃げて来た人たち
藤原の残党
ヤマトから追われた
罪人たち
南部氏との闘いに負けた
安東氏の一党
私たちは　まろうどにしたように
食べ物を分ち合った
その人たちのことを　シサムと呼んだ
隣人として迎えた

シサムは森を切り開き

大地を　掘り崩した

交易も　一人占めした

海岸沿いに　大きな館を造り

和人地を拡げた

ウタリを　俘虜にした

私たちは　シサムと呼ぶのをやめた

シャモと呼ぶようになった

この静かな大地

魚が泳ぐ

鳥が飛ぶ

風が吹き

山が歌う

けものは走り　雲が流れる

ウタリは唄う

ウタリが舞う

シサムも　静かに生きよ

大地をおそれよ

カムイを　敬えよ

私が魚だ

鳥は私だ

私は風だ

山は私だ

けものは私だ

私は雲だ

だから　私は唄う

カムイに踊りをささげる

ヤマトから渡って来た

シサムたち

魚になれない　あなたたち

ヤマトから逃げて来た

シサムたち

鳥になれない　あなたたち

ヤマトから追われて来た

シサムたち

風になれない　あなたたち

なぜ　モシリの森を切り

川を汚し

山を崩し

鳥の家を壊し

けものの巣をつぶす

大地を　おそれよ

カムイを敬えよ

あなたたちも

静かに生きるがよい

エドの支配下に　マツマエは入る

エドは　米社会だ

マツマエには　米がない

有力藩士に交易する場を与えた

アイヌの毛皮　海産物と

ヤマトの米　酒　鉄鍋　刀

斧　針　陶器　漆器を
交換する場だ
知行地　商場という
知行主は
アイヌにみやげを贈って
あいさつした　「おむしゃ」だ

それは同時に
自由な交易をさせない仕組だ
アイヌが十三湊で　交易するのを
禁じた
独占権を得た知行主は
ヤマトの商人に品物を売る
手数料を稼ぐ仕組だ

商人たちはアイヌと
直接取引きをするようになる
手数料を　知行主に払うのだから
知行主は
知行地に行かなくてすむ

商人たちは　監督がいないから
あくどく儲けるようになる
「おむしゃ」の贈り物の
質を落とす
切れない刀　たけみつ　鞘だけの刀
古い漆器　欠けた陶器　安酒

交換の条件も変える
蝦夷俵１俵は　米２斗
アイヌから
干鮭５束　100尾を取る
１俵は　米４斗じゃないのか
それが今では　米７　８升
針１本と　さざえ１山

アイヌ勘定　という手もある
「はじめ」に１本取る
１　２　３　４　５本　取ったところで
「まんなか」　で　もう１本
６　７　８　９　10「終り」で

もう1本

つまり　13本だ

アイヌを　だましやすいと

見たのだろう

アイヌは　だまされていると

知っていた

ただ　シャモの暴力が

こわかったのだ

コタンコロカムイ　コタンコロカムイ

私たちの　コタンの守り神

シャモは　コタンの男たちを

浜に連れて行き

朝から夜まで

ニシンやサケをとらせ

昆布やアワビもとらせる

もちろん　金はくれない

安酒を呑ませるだけだ

1度連れて行かれたら

いつ帰れるのか　わからない

コタンコロカムイ　コタンコロカムイ

私たちの　コタンの守り神

シャモは　コタンの女たちを

浜に連れて行き

飯をたかせ

なぐさみものにする

明るいうちから夜中まで

女たちは　いつ帰れるか

わからない

女たちは　梅毒を伝染され

肺病を伝染される

シャモは　病にかかった女たちを

山に捨てる

女たちは　コタンに帰れない

山の中で　体が爛れるだけ

疱瘡神に追われるのは

私だったのかと

嘆くばかり

コタンコロカムイ　コタンコロカムイ

男たち

女たち

連れ去られ

コタンは

ほろんで行くばかり

シャモは　男たちのヒゲを切る

男も女も　釜ゆで

毒を飲ませると脅す

手足を折られた者もいる

子は人質に取られる

シャモは

ツグナイをすればいいのさと

うそぶく

われらのうらみは

つのっていくばかり

コタンコロカムイ　コタンコロカムイ

フクロウ神よ

われらは　どうすればいい

文四郎の館から

男たちが出て行く

シベチャリ川の上流に向かう

金を採りに行く

小指の先ほどの大きさの

金もあるという

これは人集めのうたい文句

本当は　山を崩し　岩を削り

石を割る重労働

砂を浚い　ユリイタに入れ

川の流れにさらす

採れた砂金は　親方のもの

砂金掘りは

飯場のかかりを取られ

酒代をとられ

出るに出られぬタコ部屋暮らし

200人もの金掘りが集まれば

糞尿もすごい

川は汚れる

砂礫で汚れ

糞尿で汚れた川に

鮭は登ってこない

鮭が来なければ

ウタリの暮しが成り立たない

200人の金掘りが集まれば

けものは　おびえ散っていく

鳥も巣を造れない

けものがいなくなれば

ウタリは暮せない

マツマエは集めた金(きん)を

エドに送る

もちろん全部ではない

マツマエは　米　酒　鉄器　衣服を

商人から買う

それでも金は　あり余る

マツマエは
大坂や近江の商人に
ひそかに鉄砲を運ばせる
エドが禁止しているのを
承知のうえでだ
マツマエを通さぬ商人も
出てくる
エドは　隠密を潜ませる

鷹待ちというのも集まる
エドの将軍や大名たちは
鷹を競って飼う
鷹を慣らして　小さな鳥や
けものを狩る
鷹は　一羽と数えず
一隻というそうな

舟一隻分というわけだ
しかし　下働きの鷹待ちに
金は落ちてこない
鷹待ちは　ウタリのけもの取りの

しかけを壊す

しかけの矢には　毒が塗ってある

それを恐れてだ

しかけが壊されれば　ウタリは暮せない

鷹待ちは森を荒らし　鷹を獲り尽す

〈第IV章〉

わが名はシャクシャイン

ウタリよ　起て

ウタリよ　マツマエに行くぞ

ここはアイヌモシリ　ここは静かな大地

誇り高い　われらが暮す

大地には森があり

大地には川がある

川には魚神が棲み　小貝が棲む

われらが　食べさせていただく

大地には虫が動き

虫たちは鳥になり

鳥たちはキツネになり

キツネは鳥に還り

鳥は虫になる

静かな大地はめぐる

静かな大地で

カムイも転生する　われらも転生する

マツマエは森を壊し
大地を崩し　川を汚し
カムイチエプを殺す

われらを奴隷にし　女たちを犯した
われらは恥辱を受けた
恥辱は　すすがねばならない
今がその時だ
起てウタリ　マツマエに向かえ

シャモは勝手に　和人地を拡げ
商場を拡げ
われらの大地を　奪おうとしている
ハエ（新冠）の　チクナシと　ハロウの
食料と武器の援助の申し入れを断わり
チクナシを毒殺した
このままでは　われらは皆殺しになる
毒殺され　釜ゆでにされる
アイヌモシリが奪われてしまう
殺られるまえに　殺れ

わが名はシャクシャイン

ウタリよ　起て

われと共に　シャモと闘え

西に　伝令チメンハが走り

東に　ウヱンスルンが飛ぶ

1669 年　寛文 9 年 6 月 14 日のことである

「鷹待ち　水主を殺せ

からふと島の者も　猟虎島の者も加われ

商船舟頭水主を殺し

クンヌイの　金掘りを殺し

米　塩　味噌を取り

兵糧にし　マツマエに上れ」

モシリのアイヌは蹶起する

白老　幌別　十勝　釧路　白糠

日本海側でも岩内　余市　小樽　増毛

240 余りを殺し　19 隻の商船を焼いた

知らせを受けて　マツマエは動顚した

藩主は幼く　戦さの指揮はとれない

エドに　藩主の後見人（従祖父）で

幕府の直臣の　松前八左衛門がいる

エドに飛脚を出す

藩士に出陣の準備をさせる

町人　金掘り　鷹待ちも　徴兵だ

逃げ出す町人もいる

エドも驚く

島原　由井正雪に続いて

今度は蝦夷だ

幕府は津軽藩　南部藩　秋田藩にも

出兵を命じた

聞いたか　聞いたか

聞いたぞ　聞いたぞ

エゾが　攻めてくるそうな

エゾは　すさまじいそうな

ええじゃないか

ええじゃないか

エゾが　エドに攻めてくる

われらの蜂起を知って

ウタリがかけつけてくる

武器は槍　山刀　半弓　矢はヨモギだ

もちろん毒を塗る　スルクだ

7月25日　エトモ（室蘭）に

3000人のウタリが集まる

マツマエは　クンヌイの金堀場に

陣を張る500余人の侍

雑兵の数は　わからない

土嚢を積み　柵を張りめぐらす

毒矢を恐れて

服には真綿をぬいこむ

武器は　鉄砲だ

8月4日　マツマエが攻撃をかける

鉄砲対　毒矢だ

勝負は　あっという間だった

ウタリは森の中に隠れるが

反撃ができない

死者が増える　負傷者も多い

シャクシャインは　敗けを悟った

シベチャリに戻ると言う

シベチャリで持久戦に入ると言う

チャシには　鉄砲玉は届かない

冬になれば

雪が舞う

大地は氷る

マツマエは　飢えてしまう

こごえてしまう

鉄砲玉もなくなってしまう

焦って打って出てきたら

われらは　もっと下がる

マツマエの兵を誘いこみ　補給路を断つ

マツマエを　自滅させる

マツマエも　この作戦を読んでいた
船でシベチャリに入った
第一陣の佐藤権左衛門たちは
途中のコタンに寄り　ハエのコタンに行き
投降をよびかけ
シャクシャインと別れるよう
説得した
シャクシャインにも
和睦を申し入れる
シャクシャインが　トカチクスリ（釧路）に
入っては困る

シャクシャインも　マツマエの作戦を読む
和睦はしない

シャクシャインを説得したのは
息子のカンリリカだ
ウタリも　大勢死んだ

ウタリも　冬仕度をしなくてはならない

いつまでも争っていては　だめだ

シャクシャインは悩む

アテルイもそうだった

チャランケに応じるか

しかし　行けば

帰ってこられない　それは　分かっている

では　なぜカンリリカは

娘トウレンの夫　仙北の庄太夫は

生きられるのか

シャクシャインは　チャランケに行く

宝刀を佩く

佐藤藤左衛門は　オニビシとの間に

入って来た侍だ

チャランケは　つくだろう

チメンハと　ウヱンスルン

２人を連れて

シャクシャインは行く

館の入口で　シャクシャインは　宝刀を外す
それが礼儀だからだ

酒が出た　昼も夜も酒だ
シャクシャインは　しびれを感じた
「毒を盛ったな」
その瞬間　ふすまが開き
マツマエの侍たちが刀を振った
「おのれ　たばかったな」

絶句して　シャクシャインは倒れた
倒れたシャクシャインを　侍たちが切り刻む

われの体は　土の中にある
虫たち　虫より小さな生き物たちが
われの体に　集まる
われの体は　水になる
われの体は　空気になる
われは　この大地になる
われは　鳥になる

われは　魚になる

われは　けものになる

われは　草である

われは　木である

わが名はシャクシャイン

われは　だれよりも　アイヌである

われといっしょに生きた　ウタリたち

われといっしょに闘った　アイヌたち

われらは　これから 500 年

苦しむだろう

今より　もっと

むごいことになるだろう

だから　ウタリたちよ　唄え

ウタリたちよ　踊れ

モシリに祈れ　ウタリたちよ

わが名をとなえよ

われを　だまして殺した者たち

われの仲間を

恥ずかしめた者たち

われの仲間を

殺した者たち

われらのモシリを

奪った者たち

われらのカムイを

笑った者たち

いつかマツマエも

亡ぶだろう

いつかエドも

亡ぶだろう

ヤマトも

亡ぶだろう

わがくやしさを　忘れはしまい

モシリをおそれよ

カムイをおそれよ

わが名はシャクシャイン

われは　水だ

われは　風だ

われは　土だ

われは　草だ

われは　転生する

クアニ　アナクネ　モシリ　クネ

アイヌと私

　私は東京の荒川区の小学生だった。5年生の頃、1955年くらいか、アイヌの歌舞団が学校公演に来た。年配の女性の唇に入れ墨があったこと、着物のもようが印象に残った。

　中学の国語教科書に金田一京助が初めてアイヌコタンに行ったとき、「これなあに」というアイヌ語を覚えて、子どもたちに「これなあに」と聞いて、アイヌ語を学んだという文章が載っていた。金田一京助は「小学国語辞典」の著者だし、石川啄木の生活を援助していたから偉い人なのだと思った。

　ずっと後に、国語辞典には名前を貸しただけと知って、ずるい人だと思った。知里幸恵を東京の家に連れてきて『アイヌ神謡集』を書かせ、心臓の弱かった幸恵は無理が祟ったのだろう、書き上げてすぐに亡くなってしまう。金田一京助はアイヌのためではなく、自分の手柄を立てたかったのだと思った。

　中学生の頃、藤原三代のミイラの調査が行われ話題になった。むし歯があったかどうかで、藤原氏がアイヌだったかどうかが明らかになるのだと姉が教えてくれた。藤原氏がアイヌだとわかったとして、歴史が変わるわけではないとは教えてくれなかった。

　「イオマンテ」「ピリカピリカ」「マリモの唄」がはやっていた。イオマンテガ熊祭りだということ、ピリカはアイヌ語だと教えられたので、アイヌの歌だと思った。ずっと後に日本人が作った歌だと聞いてびっくりした。

　小学校教員になった頃、国語教科書に三春駒の話が乗っていた。坂上田村麻呂という将軍が駒の中に兵を

潜ませ、敵を討ったそうだ。

「トロイの木馬」の焼き直しだと思ったが、敵とはアイヌのことだとは気が付かなかった。

1993年は国連の「国際先住民族年」だった。6年の学年研究のテーマを「先住民族のことを知ろう」にした。秋田出身の教員が「おれはエミシのアテルイの後裔だ」というので、アテルイのことを知った。自然食通信社と貝原画伯（貝原浩）からの情報でいろいろなことを知った。東京・東中野でのチカップ美恵子刺繍展を見に行き、アイヌ料理を食べる会に参加できた。チカップ美恵子さんの肖像権裁判のことも知った。愚安亭遊佐の一人芝居「アテルイ」も観た。

そして、チカップ美恵子さんとネイティブ・アメリカンのデニス・バンクスに学校に来ていただけた。

貝原画伯がエスニック・ミュージカル・コンサートのポスターを描いていた関係で阿寒湖畔の山本栄子さんの家を訪ねることができた（私の家族と画伯の家族の計6人で泊めていただいた）。そのご縁で、山本栄子さんのグループに学校で公演していただくことができた。それ以来、親類のようなお付き合いになっている。（と私は思っています）

東京・町田でアイヌ風の結婚式があると聞いた。誰でも出席できるというので、貝原画伯と2人で出かけた。キリスト教の学校の庭の一角に場が作られ、式が始まろうとしていた。後ろのほうに立って見ていたら「ヤマトも座れ」といわれた。式を司るのは長谷川修さん。結婚するのは宇佐志穂さんと結城幸司さん。「イレス　カムイ。モシリ　コルチ。ウパセ　カムイ」と長谷川さんがとなえだす。新郎新婦は飯椀に山盛り

に盛られた飯を交互に食べる。おかずも汁もないのに食べるのだから大変だ。式が終わると客たちは輪になって踊りだす。にぎやかで楽しい集いだった。

アイヌの人たちと交流し、文献や映像で学んでいくなかで、ヤマトがアイヌの人たちに何をして来たのかを私は知った。それは朝鮮・台湾・中国への侵略に重なっていた。それを物語として書きたいと思うようになった。

貝原画伯は上西晴治の作品を絵本にしていた。丸木位里が貝原画伯の絵本を「アジアのにおいがする」とほめてくれたと喜んでいた。それなら画伯と手を組んで、シャクシャインの蜂起をテーマに絵本に仕立てようということになった。

ところが貝原画伯がガンにかかってしまった。明るく豪気に私たちに告げるのだったが、痛ましいことだった。

私にも悩んでいることがあった。アイヌのことをヤマトの後裔である私が語っていいのだろうかと考えたのだ。シャクシャインの蜂起のことを記録した当時の文献の一部は『日本庶民生活史料集成』第4巻に収録されている。が、それらはヤマト側の記録である。客観的ではない。アイヌ側の記録ではない。現代の小説家たちもシャクシャインをテーマにした作品を書いているが。が、新田次郎のように「反乱」というとらえ方をしているものがある。蜂起と反乱では立つところが違う。

しかし、私自身はどうなのか。アイヌの人たちのことをどこまで知っているのか、想像力はあるのか。

悶々としているうちに2005年6月、貝原浩が逝去

する。57歳だった。シャクシャインの絵本の企画も消える。

未練があった。私は誰にともなく「わが名はシャクシャイン」の話をしていた。「わが輩は猫である」のもじりかと私の娘は笑っていた。「死者の書」の写しかという友人もいた。でも、子ども向けの本を出している出版社の編集者は興味を持ってくれた。古くからの友人である山本理は書けばと押してくれた。書いたら芝居にすると言ってたくれた。ひょうたんから三春駒である。2022年夏のことだった。

ところが書き始めると筆が抑えられない。これは絵本にはならないと私は思った。あてにしていた編集者は「誰が読むの」と婉曲に断わってきた。当然のことである。

どうしたものかと思案した。先住民族のことを教えてくれたのは自然食通信社の横山豊子社長だったと思い出した私は電話をした。横山社長は出版を快諾してくれた。

一方、山本理は、東京の小学生が夏休みの宿題の読書感想文に「アイヌ民族；歴史と現在」という副読本を選び、祖父と一緒にアイヌ差別のことを学ぶという内容に脚色した。私が脱稿したのが22年12月。脚本は23年2月には出来上がっていた。配役もほぼ固まっていて、小学生役とシャクシャインの孫役が未定だった。

上演は23年9月23日。北海道新日高市静内でシャクシャイン祭が開かれる日だ。いわば「勝手協賛」である。劇場は東京の東急東横線学生大学駅近くの「千本桜ホール」。

小学生役とシャクシャイン役は実際の小学生に決まった。

　当日は阿寒湖畔から山本栄子さんに来ていただき、アイヌの歌とムックリの演奏をお願いした。札幌のアイヌ民族文化財団に副読本を 140 部送っていただけた。

　本番は大成功だった。満員の観客の前で小学生は自宅でくつろぎながら祖父とアイヌの歴史と差別を学んでいく役を演じる。シャクシャインの孫は凜々しく蜂起前夜を演じた。シャクシャイン役は 5 か月かけて鬚をのばしての熱演だった。

　原作者でありながら、私は涙を流してしまった。

　プロデューサー、脚色、演出、役者と大活躍の山本理に改めて感謝する。

　長谷川修（石原修）さん、谷口滋さんにはアイヌ語の表記のことなど色々教えていただきました。山本文英さんには熊の話をたくさん話していただきました。

　小林敏也さんにはご多忙のところなのに装丁をお願いしました。

　お世話になりました、たくさんの方にお礼を申し上げます。

　2023 年秋

　　　　　　　　　　　　　　　　名取弘文

参考文献

歴史書

『日本庶民生活史料集成』　第四巻
高倉新一郎編
1969 年　三一書房
　「寛文拾年狄蜂起書」「蝦夷蜂起」「寛政蝦夷乱取調日記」な
　どが収められている。「蝦夷生活圖説」「近世蝦夷人物誌」
　「近世蝦夷人物誌」などアイヌの生活の記録も参考になる。

『津軽一統志』
青森県学校図書館協議会
1953 年
　津軽藩はエドの命令で藩兵を松前に送る。が、松前は津軽の
　藩兵を足止めしてしまう。知られたくないことがあったのだ
　ろう。
　この本が横浜市立大学図書館にあった。見つけてくれた藤沢
　市立図書館の職員にお礼を申し上げる。

啓蒙書

『アイヌ民族　歴史と文化』
（公）アイヌ民俗文化財団
2021 年

『アイヌ民族　歴史と現在』
　　未来を共に生きるために
（公）アイヌ民俗文化財団
2018 年

『アイヌ民族に関する指導資料』
（財）アイヌ文化振興・研究推進機構

2000 年
2005 年　改訂 2 版

「アイヌ民族に関する人権啓発写真パネル展」　写真集
山岸利男　山本修三
1993 年　新版第 2 刷

記録映画

『アイヌの結婚式』
姫田忠義監督作品
1971 年

『チセ・ア・カラ　われらいえをつくる』
姫田忠義監督作品
1974 年

『イヨマンテ　熊送り』
姫田忠義監督作品
1977 年

> 姫田監督は『アイヌの丸木舟』(1978 年)、『沙流川アイヌ
> 子どもの遊び』(1978 年)、『沙流川アイヌ　子どもの遊び
> 冬から春へ』(1983 年) も制作している。
> アイヌ風の結婚式をあげたと女性が言い出す。寝た子を起こ
> すな、人が集まってくれるのかと反対の声も出てくる。

『トシばあさんの昔話』
　古老が語る　アイヌの世界
NHK「プライム 10」
1993 年

> 北海道平取町のトシばあちゃんは山にフキを採りに行く。「ア
> イヌ語で話ができて、とても、うれしかったよ」と言う。

『ユーカラ沈黙の 80 年：樺太アイヌ蠟管秘話』
NHK

> 樺太アイヌのユーカラが録音されたレコード（円盤ではなく

管状のもの）がポーランドで発見された。ポーランドの人が
サハリンに来たのか。国際交流のようすが知りたくなる。

絵画

『夷酋列像』

蠣崎波響原画　1790（寛政2）年

小島貞喜模写　1843（天保14）年

（社）北海道開拓記念館・開拓の村文化振興会

　1789年にクナシリ・メナシでアイヌが蜂起する。が、長老
たちが説得して、蜂起は失敗する。松前軍は蜂起の首謀者
37人をノッカマブの浜辺で処刑してしまう。

　蜂起を押え込んだ長老43人を松前藩は松前に招待する。そ
の中の12人を描いたのが「夷酋列像」である。蝦夷錦を着
させられて、いかにもらしいポーズをさせられた長老たちが
あわれである。

「アイヌ風俗十二ヶ月屏風」

平沢屏山

函館市北方民族資料館発行パンフレット

　屏山は1844、5年の頃、22、3歳で函館に来て絵馬屋をやっ
ていたという。日高や十勝地方を訪れて、アイヌの生活を描
いた。

　生き生きとした筆致で「山中に鹿を追う回（2月）」「炉辺団
らんの図（4月）」「熊檻の周囲を輪舞する図（12月）」など
を描いている。

詩集・ユカラ

『アイヌ神謡集』

知里幸恵編訳

1923（大正12）年

1978年　岩波文庫

　知里幸恵が東京の金田一京助の家に滞在して書き上げたユカ
ラ集。強制的に連れて来られたという説もある。もともと心
臓が悪かった知里幸恵は書き上げた直後に亡くなった。現在
は岩波文庫で読むことができる。赤色帯（外国文学）が付け

られているが、ユカラはアイヌの文学であり、アイヌは日本
民族とは別だという見識である。

『シャクシャインの歌』
新谷　行（しんや　ぎょう）
1971 年　蒼海出版
　私はこの本でシャクシャインのことを初めて知った。衝撃を
受けた。初版本を購入したが紛失してしまった。友人の池上
勇助さんが初版本を持っていて無償でプレゼントしてくれた。
感謝している。

『ノツカマプの丘に火燃えよ』
新谷　行
1972 年　蒼海出版
　クナシリ・メナシの蜂起と、失敗。37 人の処刑（1789 年）
を描いた作品。この作品で、クナシリ・メナシの蜂起を私は
初めて知った。

『カムイユカラと昔話』
萱野茂
1988 年　小学館

『カムイ　ユーカラ』
山本多助
1993 年　平凡社

『アイヌ・母のうた　伊賀ふで詩集』
伊賀ふで
2012 年　現代書館
　伊賀ふでは山本多助の妹。チカップ美恵子の母。CD つき。

評論

『アイヌ民族抵抗史』
新谷　行

1972 年　三一書房
　サブタイトルに「アイヌ共和国への胎動」とある。アイヌの
ことをほとんど知らなかった私は驚いたり、うなずいたりし
て、何回も読んだ。
　新谷行は 1932 年に北海道留萌郡に生まれた。日本人である
が、この本はアイヌの立場から書かれている。発行当時、新
左翼運動の崩壊で戸惑っていた若者の共感を集めた。1977
年には増補版が出る。新谷行は、79 年に亡くなった。

『若きアイヌの魂』鳩澤佐美夫遺稿集
鳩澤佐美夫
1972 年　新人物往来社

『コタンに生きる人びと』
新谷　行
1979 年　三一書房
　「シャクシャインの歌」が再録されている。

『静かな大地』
　　松浦武四郎とアイヌ民族
花崎皋平
1988 年
1993 年　岩波書店同時代ライブラリー版

『コタンに生きる』
朝日新聞アイヌ民族取材班
1993 年　岩波書店

『アイヌ民族と日本人』
　　東アジアのなかの蝦夷地
菊地勇夫
1994 年　朝日選書

『雪粉々（ゆきふんぷん）』

幸田露伴 補作堀内新泉

1889（明治22）年

1978年　露伴全集第7巻　岩波書店

    露伴が読売新聞に書き始めたが、同紙が発行停止処分を受けたため、続きを弟子の堀内新泉が書いた。

    沙具沙允（シャグシャイン）と恩菱（オンビシ）は朋友という設定。

『シャクシャインが哭く』

三好文夫

1972年　潮出版

『最後の反乱』

新田次郎

1975年　新田次郎全集第20巻　新潮社　初出「オール讀物」　1959年

『シャクシャイン物語』

中野みち子

1985年　けやき書房

『シャクシャインの戦い』

木暮正夫

1987年　童心社

『アテルイ』

愚安亭遊佐　又重勝彦

1994年　自然食通信社

    『人生一発勝負』『百年語り』などの一人芝居で知られる愚安亭遊佐（本名　松橘勇蔵）が1993年に東京・六本木のアングラシアターで初上演した芝居の録音を収録した本。私も

舞台を観たが、終演直後、客席に姿を現した愚安亭遊佐が息
を乱すこともなく酒を酌み交すのにたまげた。役者はすごい。
又重勝彦は「子どもの読みもの書き」として日野十成の筆名
の人だ。アテルイの名が教科書には出てこないことから書き
始め、桓武天皇はアテルイのため政治生命が尽きたとしてい
る。
この本は 2002 年に新版が出版されている。高橋克彦と愚安
亭遊佐の対談が収録されている。

『蝦夷地別件』
船戸与一
1995 年　新潮社
　クナシリ・メナシの蜂起前後をテーマとしている。フランス
　革命との関わりについての記述もある。調査が乱雑だという
　指摘が千葉大学名誉教授中川裕から出されている。

『火怨 ― 北の燿星アテルイ』
高橋克彦
1999 年　講談社
　アテルイとモレ、アイヌ部族の長老たちの動き、巣伏の戦い、
　坂上田村麻呂の動きをドラマチックに描いている。

『菜の花の沖』
司馬遼太郎
1982 年　　文芸春秋社
　高田屋嘉兵衛の生涯を描く。商場を持つが、アイヌを優遇し
　たこと、ロシア船を江戸幕府が冷遇したことから起きたゴロ
　ウニン事件でロシア軍艦に捕えられた事件、松前藩の反感を
　かったことを描いている。

『おおかみのこがはしってきて』
寮美千子　小林敏也
1999 年　パロル舎

その他

『アテルイとエミシ』
延暦八年の会
1989年　岩手出版
　在郷の人たちの共著。胆沢地方の古墳の調査報告。アテルイ、
モレの処刑地が牧方市字宇山であろうという記述もある。

名取弘文 （なとり ひろふみ）

1945 年 東京都荒川区生まれ、早稲田大学文学部卒業。神奈川県藤沢市の小学校教諭として勤務し、途中から家庭科専科となる。2007 年退職。退職後は「おもしろ学校理事長」を名乗り各地で出前授業をしている。主な著書に『おもしろ学校の日々』（教育出版）、『おもしろ学校開校記念日—好学心とエントロピー』（有斐閣）、『おもしろ学校ナトリのライブ』（自然食通信社）、『こどもの権利』（雲母書房）、『シネマの子どもに誘われて』（現代書館）、『おもしろ学校映画館』（子どもの未来社）など。映画に『おもしろ学校のいち日名取弘文の公開授業』（制作・監督 西山正啓）。

〈わが名は シャクシャイン〉

2023 年 11 月 10 日　初版第 1 刷発行

著　者　名取弘文

発行者　横山豊子

発行所　有限会社自然食通信社
　　　　〒 113-0033 東京都文京区本郷 2-12-9-202
　　　　TEL.03-3816-3857 FAX.03-3816-3879
　　　　http://www.amarans.net
　　　　郵便振替　00150-3-78026

装幀 イラスト　小林敏也

組　版　閏月社
印　刷　吉原印刷株式会社
製　本　株式会社積信堂